Andreas Hübner

Auch das vergeht!

8 Schritte zum Sieg über Dein Problem.

Die Bibelstellen sind in der Regel der Schlachter- oder Luther-Übersetzung entnommen.

Auch das vergeht! *8 Schritte zum Sieg über Dein Problem.*

Andreas Hübner
Postfach 11 62
D-27341 Rotenburg

AUCH DAS VERGEHT!
8 SCHRITTE ZUM SIEG
ÜBER DEIN PROBLEM.

"Hindernisse sind getarnte Türen zu höheren Dimensionen des Segens."

Andreas Hübner

"HINDERNISSE ..."

Der Auszug des Volkes Israel aus Ägypten:

Das Volk Israel versammelte sich vor dem Roten Meer. Obwohl Gott selbst das Volk Israel führte, sah es keinen Ausweg.

Die biblische Szene: Das Meer liegt vor ihnen, die Armeen des Pharaos sind hinter ihnen her. Die Situation sieht unlösbar aus. Ein schier unüberwindbares Hindernis!

Die einen beginnen nun gegen Mose – und damit gegen Gott – zu rebellieren. Die anderen zucken einfach nur mit den Achseln und fragen sich: „Was soll das alles hier? ... Warum hat Gott uns hierher geführt? ... Liebt Gott uns nicht? ... Ist Gott nicht mit uns?"

– Aber Gott machte einen Weg, wo es so schien, als würde es keinen Weg geben. Er bereitete einen Weg.

Das scheinbare Hindernis war lediglich eine getarnte Tür zu einer höheren Dimension des Segens und der Bewahrung für das Volk Israel!

Könnte es sein, dass Du gerade vor einer getarnten Tür zu einer höheren Dimension des Segens und der Bewahrung in Deinem Leben stehst?

Das Rote Meer wurde zu einer tödlichen Falle für die Feinde Israels!

Es wurde zu einem Schutzwall, der das Volk Gottes von den Armeen des Pharaos isolierte. Diese Armeen konnten durch dieses Meer nicht durchdringen.

Wenn Gott eine Tür öffnet, dann erlaubt er Deinen Feinden nicht, Dir nachzufolgen.

Das, was so aussah, als sei es die größte Niederlage, wurde verwandelt in den größten Sieg!

Meine Bibel sagt, wir leben heute unter einem besseren Bund als damals das Volk Israel.

Die Bibel vergleicht den Alten Bund mit dem Neuen Bund und versichert uns, wir leben unter einem besseren Bund mit Gott durch Jesus Christus!

Gott ist dabei, in Deinem Leben ein Wunder zu wirken!

Er wirkt dieses Wunder, indem Er Dir die Weisheit gibt, Deine gegenwärtige Herausforderung als Chance zu sehen, nicht als Entmutigung.

Er wirkt dieses Wunder, indem Er Dir die Kühnheit verleiht, den Feind zu überwinden und voller Zuversicht in eine Zukunft des Sieges zu schreiten.

Hindernisse sind getarnte Türen zu

höheren Dimensionen des Segens!

Oftmals, wenn ein Problem in unser Leben tritt, dann reagieren wir panisch. Wir sprechen mit anderen über unser Problem. Uns ist die Ernsthaftigkeit unseres Problems sehr bewusst, aber wir sprechen mit jemandem, der unser Problem trivialisiert.

Es gibt nichts Furchtbareres, als wenn Du jemandem von Deiner Herausforderung erzählst und diese Person antwortet einfach: "In dem Namen Jesus Christus wird schon alles gut werden." – Und damit scheint für Dein Gegenüber dann alles erledigt zu sein.

Jemand kommt zu Dir und hat ein furchtbares Problem und Du trivialisierst das Problem – Du hörst gar nicht richtig zu – und Du sagst: "Es wird schon alles gut werden." Oder: "Nun, Gott hat die Kontrolle über alles."

Ja, Gott hat die Kontrolle über alles.

Aber Gott kontrolliert alles **<u>durch uns</u>**.

Das ist ein großer Unterschied! Er kontrolliert durch uns:

Dein Mund lenkt die Energie Deines Glaubens!

Deine Entscheidungen lenken die Energie Deines Glaubens.

Deine Zukunft ist keine Frage des Zufalls.

Die Qualität Deiner Zukunft wird durch

Deine Annahme des Wortes Gottes bestimmt.

Die Ausgänge des Lebens werden in Deinem Herzen bestimmt.

Dein Herz ist der Thronsaal Gottes.

Wenn Du einem Problem gegenüberstehst, dann ist Dir die Ernsthaftigkeit des Problems sehr bewusst.

Dir ist die Ernsthaftigkeit des Problems bewusster als jeder anderen Person um Dich herum.

Es besteht eine große Einsamkeit darin, wenn Du durch ein Problem – eine schwierige Situation in Deinem Leben – gehst und versuchst, Dich anderen mitzuteilen, es aber so scheint, als ob Dich niemand wirklich verstehen kann, nicht verstehen will, oder Menschen sogar vor Dir fliehen, weil ihnen Dein Problem zu viel ist und eine zu hohe Traglast für sie bedeutet.

Jemand haut lieber schnell ab – oder gibt Dir eine schnelle Antwort – wie: "Mit Jesus wird schon alles gut."

– Ja, mit Jesus wird alles gut, ja, Jesus wohnt in Dir, Jesus lebt in Dir, in Ihm und mit Ihm wird alles gut... aber es wird gut, weil Er durch Dich wirkt, weil Er Dir die Weisheit gibt, weil Er Dir Gunst gibt in Deinem Leben.

Diese Gunst ist ein Ergebnis Deines Gebets, Deines Säens, Deiner Liebe den Dingen Gottes gegenüber, Deiner Verbundenheit zu Gott, Deiner Hingabe dem Heiligen Geist gegenüber.

Wenn ein Problem in Deinem Leben auftaucht, dann wird Dir Deine Beziehung zu Gott plötzlich sehr wichtig.

Womöglich hast Du zuvor Deine Verbindung mit Gott nicht ganz so wichtig genommen. Womöglich war Dir das Fußballspiel im Fernsehen wichtiger als der Besuch eines Gottesdienstes.

Aber wenn das Problem in Dein Leben kommt, in dem Augenblick, da rufst Du Gott an, da bist Du voll dabei. Denn Du weißt, nur noch Gott kann Dir helfen! Gewissermaßen macht Dich das Problem hungrig nach Gott.

Manchmal scheint es so, als wenn diese Krisensituationen in unserem Leben etwas Gutes haben und uns zurückführen, uns wieder hinbringen, zu Gott.

Nicht, dass Gott das Problem senden würde. – Aber Er lässt das Problem zu, weil Er es nicht zulässt, dass irgendetwas oder irgendjemand den ersten Platz in Deinem Leben einnimmt.

Nur Gott allein gebührt der erste Platz in Deinem Leben!

Lass mich Dich durch 8 Schritte führen, die Dich befähigen werden, jedes Problem zu lösen.

Hol einmal tief Luft.

Denk daran:

Gott ist ein Meister-Problemlöser.

Gott, der Meister-Problemlöser, lebt in Dir – in Deinem Herzen!

Es gibt einen Ausweg. Dieser Ausweg aus dem Problem ist Dir im Wort Gottes verheißen und garantiert:

"... Gott aber ist treu; er wird nicht zulassen, dass ihr über euer Vermögen versucht werdet, sondern er wird zugleich mit der Versuchung auch den Ausgang schaffen ..." (1. Korinther 10,13)

1

"DANKE GOTT FÜR DAS PROBLEM!"

Danke Gott für das Problem!

... Er hat das Problem nicht gesandt – ich weiß: *"Jede gute Gabe, jedes vollkommene Geschenk kommt von Gott, von oben herab, von dem Vater der Lichter, bei dem keine Veränderung ist, noch ein Schatten infolge von Wechsel."* (Jakobus 1,17)

– Gott hat das Problem nicht gesandt, aber danke Ihm trotzdem für das Problem.

"Wir wissen aber, dass denen, die Gott lieben, alle Dinge zum Besten dienen, denen, die nach dem Vorsatz berufen sind." (Römer 8,28)

Liebst Du Gott? – Ja!

Bist Du nach Seinem Vorsatz berufen? – Ja!

Und ein Problem, eine Herausforderung, eine scheinbar unmögliche Situation, ist ein Hinweis auf eine Beförderung, eine neue Tür, die Gott Dir öffnen möchte!

Eine neue Dimension der Lebensqualität steht Dir bevor.

Ohne Problem keine Beförderung.

Je größer das Problem, je höher die Beförderung!

Und selbst wenn Dein Problem Dich in den Grundfesten Deines Glaubens herausfordert:

Wenn Du Gott treu bleibst, dann wird Gott Dich belohnen!

Wie Hiob wird Dein Ende weitaus gesegneter sein als Dein Anfang.

Das ist unser Gott! Mit Ihm können wir nicht versagen! Deshalb: Begrüße das Problem.

Rebellion hat ohnehin keinen Sinn. Das Problem ist da!

Du kannst Dir die Augen verbinden, Du kannst den Kopf in den Sand stecken, Du kannst das Problem einfach ignorieren, aber das Problem ist da und das Problem wird nicht kleiner, wenn Du lediglich gegen das Problem rebellierst.

Dich zu betäuben oder abzulenken ist auch keine Lösung.

Zu weinen ist menschlich und normal, Dein Weinen aber wird auf Dauer Deinen Körper und Deine Seele erschöpfen.

Du kannst – und musst – jetzt einfach nur noch das Beste aus dem Problem machen.

Wenn Dir in Deinem Leben Zitronensaft gereicht wird, dann mach Zitronenlimonade daraus. Köstliche Zitronenlimonade!

Danke Gott für das Problem.

Dies ist Dein erster Glaubensschritt.

Und all die Schritte, durch die ich Dich hindurchführe, entwaffnen den Feind.

Diese Schritte nehmen dem Feind die Waffen ab und damit der Herausforderung den Schrecken!

<h1 style="text-align:center">❝2❞</h1>

"SUCH DIR GEBETSPARTNER!"

Such Dir Gebetspartner, die mit Dir in Übereinstimmung für Dein Überwinden der Herausforderung stehen.

Einer trage des anderen Last. Ein wahrer Bruder, einer wahre Schwester, wird Dir helfen, Deine Last im Gebet zu tragen.

Unser Lauf ist kein Sprint, sondern ein Marathon. Manchmal tragen wir einander eine Weile. Erlaube jemandem, Dein Problem im Gebet mit Dir zu tragen.

In Übereinstimmung!

Viele machen den Fehler, dass sie sich an einfach jede Person um sich herum mit ihrem Problem wenden. Inklusive Personen, die ihren Zweifel nähren oder sich womöglich sogar noch insgeheim darüber freuen, jemanden gefunden zu haben, dem es scheinbar schlechter geht als ihnen selbst.

Achte darauf, Dein Problem – Dein Gebetsanliegen – mit jemandem zu teilen, der wirklich in Übereinstimmung mit Dir steht und der es gut mit Dir meint.

Such Dir Gebetspartner, die nicht über Dich richten, sondern bedingungslos im Glauben

21

mit Dir stehen.

Es ist wichtig, sich in einem Umfeld zu befinden, in dem Probleme gelöst werden.

Ein Umfeld, in dem Dir geholfen wird und Du nicht auch noch angeklagt wirst für Deine Probleme.

Hör auf, Dir Vorwürfe zu machen.

Deine Selbstvorwürfe bringen Dich nur aus dem geistlichen Gleichgewicht und machen es anderen schwer, mit Dir im Gebet der Übereinstimmung für die Lösung Deines Problems zu stehen.

Es liegt eine gewaltige Verheißung auf die geistliche Übereinstimmung des Gebets zweier Personen:

"Wenn zwei von euch auf Erden übereinkommen über irgendeine Sache, für die sie bitten wollen, so soll es ihnen zuteilwerden von meinem Vater im Himmel." (Matthäus 18,19)

Es ist nicht leicht, auch nur eine weitere Person zu finden, die wirklich in Übereinstimmung mit Dir steht.

Es ist nicht leicht, mit Dir selbst in Übereinstimmung zu stehen.

Wenn das Problem groß wird, dann ist der erste Angriff der, Dich selbst in Deinem Verstand, Deinem Denken, Deiner Seele, Deinen Emotionen, hin und her zu werfen.

Ruf den Namen Jesus Christus über diesen emotionalen Sturm aus und er wird sich legen und Dir Menschen offenbaren, die mit Dir stehen und nicht gegen Dich.

Menschen, die Dich lieben und die Dich nicht verdammen.

❦ 3 ❧

"LAUF AUF DAS PROBLEM ZU!"

Viele haben damit ein Problem. Lauf auf das Problem zu. Konfrontiere das Problem!

Konfrontiere es, wie David einst Goliath konfrontierte.

Stress lässt Dein Gehirn schrumpfen. Glaube aber schrumpft Deine Feinde!

– Wenn Du nicht auf das Problem zuläufst, dann läuft Dir das Problem hinterher. Wenn Du das Problem nicht verfolgst, dann wird es Dich verfolgen.

In dem Augenblick, wo Du auf das Problem zuläufst, egal wie furchtbar dieses Problem auch auf Dich wirken mag... wenn Du auf das Problem zuläufst, erklärst Du der sichtbaren und unsichtbaren Welt gegenüber, wer die Kontrolle über das Problem hat, wer die Autorität über die Situation ausübt:

Und das bist Du!

Möge Gott Dir die Kühnheit geben, auf Dein Problem zuzulaufen und es voller Vertrauen auf Seine Möglichkeiten zu konfrontieren!

Wenn Du eingeschüchtert vor dem Problem davonläufst, dann läuft Dir das Problem hinterher – und mit dem Problem Millionen von Dämonen, die versuchen, Dein Leben zu vernichten!

Der Teufel rennt Dir in dem Augenblick hinterher, in dem Du vor dem Problem wegläufst.

Verfolge das Problem!

Für jede Lösung gibt es ein Problem.

Lösungen sind in Dir!

Der Heilige Geist lebt in Dir.

Lösungen leben in Dir durch die Person des Heiligen Geistes.

Du bist voller Problemlösungen.

Lösungen sind in Dich hineingelegt!

Ohne das Problem würde die Lösung niemals die Chance haben, sich durch Dich zu manifestieren.

Ungewöhnliche Zeugnisse sind das Resultat ungewöhnlicher Probleme. Und Gott wird Dir ein ungewöhnliches Zeugnis schenken. Das ist die Sichtweise eines Überwinders!

Du bist mehr als ein Überwinder!

Lauf auf das Problem zu.

Lösungen sind in Dir. Für jede Lösung gibt es ein Problem.

Je mehr Lösungen Gott in Dich hineingelegt hat, je mehr Probleme werden in Deinem Leben auftauchen.

Diese Probleme sind geradezu die Bestätigung dafür, dass Lösungen in Dir sind und mit den Lösungen der Probleme kommen die Belohnungen!

Sieh Dich als Glaubensheld!

Konfrontiere das Problem.

Du bist dazu berufen, genau das zu überwinden, wovor Du Dich fürchtest. Du sollst nicht leichtsinnig sein. Sei aber kühn!

Es besteht ein Unterschied zwischen Kühnheit und Leichtsinnigkeit. Es besteht ein Unterschied zwischen Kühnheit und Dummheit.

Konfrontiere Deine Furcht in dem Namen Jesus Christus, dem Sohn des lebendigen Gottes.

Der Sieg gehört Dir in Christus.

—*w*—

 4

"GOTT MACHT DICH WEISER ALS DEINE FEINDE!"

Vertraue darauf, dass Gott Dich weiser macht als Deine Feinde.

Vielleicht ist Dein Feind die Depression... vielleicht ist es ein Dämon, eine finstere Macht, eine finstere Wolke, die Dein Leben zu überschatten scheint.

Letztlich haben wir keine menschlichen Feinde.

Unsere Feinde sind nicht Fleisch und Blut, unsere Feinde sind nicht menschlicher Natur.

Deshalb: Verdamme niemanden. Entwickle keine Feindseligkeiten anderen Menschen gegenüber.

Letztlich ist unser Kampf ein geistlicher Kampf.

Der Teufel gebraucht manchmal Menschen... aber Du entscheidest, wen Du zu Dir sprechen lässt. Verbittere nicht. Lass die Liebe Gottes durch Dich wirken.

Gott macht Dich weiser als Deine Feinde.

In Psalm 119,98 heißt es:

"Deine Gebote machen mich weiser als meine Feinde, denn sie sind ewiglich mein Teil."

Seine Gebote, Seine Anweisungen, Seine Instruktionen – die Instruktionen Gottes, die Instruktionen des Heiligen Geistes – machen Dich weiser als Deine Feinde!

Seine Weisheit gehört Dir.

Vertraue Gott, dass Er Dich weiser macht als Deine Feinde.

Eine Not, die sehr groß wird, wenn wir einem Problem gegenüberstehen, ist die Not, die Stimme Gottes hören zu wollen und hören zu müssen.

– Der Hunger nach der Stimme des Heiligen Geistes wird unendlich groß. Der Wille, die Stimme Gottes zu hören, wird unendlich groß in Dir.

Öffne Dich für die Stimme Gottes.

Wie spricht der Heilige Geist zu Dir?

Manchmal spricht Er durch ein Gefühl, durch Trost, durch den inneren Frieden, den nur Er Dir geben kann. Ein innerer Friede, von dem Du weißt, er kann nur von Gott kommen, da er in Deiner Situation völlig unlogisch erscheint.

Du sagst: "Woher weiß ich, dass dieser Friede nur von Gott kommen kann?"

– Ganz einfach: Dein Verstand, Deine

Seele, würde Dich in dieser Situation in den Wahnsinn treiben.

Deine Feinde würden Dich erst recht in den Wahnsinn treiben. Der Einzige, der Dir den Frieden geben kann, ist Gott!

Nur Gott hat ein Interesse daran, dass Du diesen inneren Frieden erlebst.

Dieser innere Friede ist die Sprache des Heiligen Geistes, der durch Dein Herz zu Dir spricht.

Oftmals spricht der Heilige Geist zu mir, indem ich plötzlich Sein Wort (die Bibel) aufschlage und mein Blick fällt auf einen Vers, welcher ein „Rhema" Gottes für mich ist.

Gott spricht direkt und unmittelbar in meine Situation hinein. Er spricht zu mir durch Sein Wort. Der Vers, den ich lese, spricht exakt in meine Situation hinein.

Es gibt viele Wege, durch die Gott spricht.

Er wird einen Weg finden, auch Deiner Not, Seine Stimme hören zu müssen, zu begegnen.

Fokussiere Dich auf Gott.

Verbring Zeit mit Ihm und mit Seinem Wort.

"Deine Gebote machen mich weiser als meine Feinde, denn sie sind ewiglich mein Teil."

… Hier wird nicht von den zehn Geboten gesprochen, sondern von den Anweisungen, den Instruktionen, die Gott Dir gibt.

Seine Instruktionen machen Dich weiser als Deine Feinde, denn sie sind ewiglich Dein Teil.

❦ 5 ❧

"SEZIERE DAS PROBLEM!"

Sezieren kann sehr unappetitlich sein.

Seziere das Problem, egal wie unappetitlich es sein mag.

Egal wie sehr Dein Problem stinkt: Seziere es! Nimm es auseinander. Röntge es.

Du hast die Röntgenaugen des Heiligen Geistes, Dein Problem zu durchschauen.

Du vermagst es, Dein Problem zu röntgen.

Betrachte Dein Problem von innen und von aussen.

Ein entblößtes Problem schämt sich in Deiner Gegenwart!

Jesus hat den Feind öffentlich – nackt – bloßgestellt.

Dein Problem ist nichts anderes als ein Werk dieses Feindes.

Mit der öffentlichen Bloßstellung des Feindes hat Jesus Christus auch Dein Problem entblößt.

– Aber Du musst Dich entscheiden, Dein

Problem zu röntgen, all Deine Aufmerksamkeit auf dieses Problem zu richten, nicht in Furcht, sondern in dem Wissen, jede Ecke dieses Problems wird von Dir durchschaut und Du überwindest dabei Deine Ängste Schritt für Schritt.

Der Blick des Gerechten auf ein Problem ist wie ein „göttlicher Laser", der Dein Problem zum Schmelzen bringt.

Das Problem wird gelöst, wenn Du Dich für die Lösung des Problems entscheidest.

Deine Entscheidung beendet das Problem!

Entscheide Dich für den Sieg, entscheide Dich für den Segen Gottes! Entscheide Dich dafür, dass Dein Problem der Vergangenheit angehört.

Entscheide Dich für die Belohnung, die Deinem Problem in dem Namen Jesus Christus folgt.

Richte Deinen Blick auf die Größe Gottes, hinweg von der scheinbaren Hoffnungslosigkeit der Herausforderung.

Du kannst das Problem nicht wegdiskutieren.

Hätte das Volk Israel sich die Augen verbunden und gesagt, das Meer sei gar nicht existent... so wäre es ertrunken.

Was ist geschehen? Die Befreiung des Volkes lag im Munde eines Mannes Gottes, der sich seines Standes in Gott bewusst war.

Du bist ein „Mose" in Deinem Leben.

Dein Befolgen der Anweisungen Gottes schafft Wege, wo es schien, als gäbe es keinen Ausweg.

6

"NIMM DEM HORRORSZENARIO DEN SCHRECKEN!"

Was ist das Schlimmste, was jemals geschehen könnte, wenn Dein Problem ungelöst bleiben würde?

Dein Problem ist nur aus einem Grund in Deinem Leben: Um gelöst zu werden! Dein Problem wird gelöst werden. Und dennoch, stell Dir diese Frage: „Was ist das Schlimmste, was je geschehen könnte, wenn mein Problem ungelöst bleiben würde?"

Jede Furcht in Deinem Leben ist letztlich immer nur eine Furcht vor dem Verlust.

Was würde der Verlust für Dich als Sohn oder Tochter Gottes bedeuten?

– Selbst wenn Du alles verlierst, selbst wenn Du Dein Leben verlierst, bist Du als Kind Gottes auf der sicheren Seite!

Die Bibel sagt: Wer sein Leben liebt, der wird es verlieren... wer aber sein Leben hasst, der wird Ewiges Leben haben. (Lies hierzu Johannes 12,25.)

Nimm das Leben nicht so bitter ernst, denn sonst wirst Du womöglich verbittern und dabei vergessen, Dich an Deiner Errettung zu erfreuen.

Das Schlimmste, was je passieren könnte, ist Dein Ableben. Und wenn Du tot bist, geht es Dir auf einmal ohnehin weitaus besser als es Dir jetzt hier auf Erden geht.

Dein krampfhaftes Festhalten am Leben erwürgt es womöglich.

Die Bibel drückt es in etwa so aus: Der Tod ist ein Gewinn! (Studiere einmal Philipper 1,21.)

Was kann Schlimmeres passieren, als dass Du stirbst?

Wenn Du aber stirbst... ist das wirklich so schlimm?

Warum hast Du solch eine Furcht vor dem Tod? Dem Tod ist der Stachel genommen!

Selbst das „Horrorszenario", dieser Albtraum, ist lediglich eine Tür zu einer noch viel größeren Belohnung, die Dir in Christus gehört.

Die einzige Voraussetzung:

Wer bis zum Ende standhaft bleibt, der wird Ewiges Leben haben, der wird mit Christus in der ewigen Heimat sein.

Wenn Du standhaft bleibst, dann ist der Tod Deine größte Beförderung. Und jeder Verlust ist lediglich ein kleines Stückchen Tod auf Raten.

Mit jedem Stückchen Tod kommt neues Leben. – Gott füllt jedes Vakuum neu auf!

Solange Du das Horrorszenario nicht selbst benennst und konkretisierst, bleibt dieses Horrorszenario eine Art Schreckgespenst, das der Teufel immer wieder herausholt, um Dich damit zu quälen.

Wenn Gott mit Dir ist, wer kann dann gegen Dich bestehen?

Seine Liebe geht über all Deine Probleme hinaus. Seine Liebe geht sogar über den Tod hinaus.

Du entwaffnest den Teufel, wenn Du dieses Horrorszenario „benennst".

– Die Wahrscheinlichkeit allerdings, dass dieses Horrorszenario tatsächlich eintritt, ist weitaus geringer als „sechs Richtige im Lotto"!

Und je furchtloser Du diesem „schlimmstmöglichen Fall" gegenüber bist, je unwahrscheinlicher wird es dazu kommen. Dies ist ein geistliches Prinzip.

Hab keine Angst – und gib dem Teufel zu verstehen, dass er Dich mit diesem Horrorszenario nicht mehr erschrecken kann.

Merk Dir folgende zwei Worte:

„Pfeif drauf!"

Wenn der Teufel Dir sagt, Du würdest an Krebs sterben, dann lautet Deine Antwort:

„Pfeif drauf! Dann werde ich die Ewigkeit im Himmel verbringen!"

Aber – Gott wird Dich nicht gehen lassen, solange Sein Plan mit Dir hier auf Erden nicht erfüllt ist!

"BETE IN ZUNGEN!"

Ich kann die Signifikanz dieses Schrittes gar nicht deutlich genug zum Ausdruck bringen!

Bete in Zungen!

Öffne Deinen Mund, bewege Deine Zunge – und erlaube dem Heiligen Geist, durch Dich hindurch zu beten. Bitte Ihn, in „Seiner Sprache" durch Dich zu beten.

Warum ist das so wichtig?

Wenn Du nicht mehr weiter weißt, dann weißt Du womöglich auch nicht „wie Du beten sollst".

Der Heilige Geist aber weiß alles!

Er ist allwissend und Er kann durch Dich hindurch für Dinge beten, die Du nicht einmal weißt.

Der Heilige Geist kennt Situationen, die in Deiner Zukunft liegen. Er kann schon jetzt durch Dich hindurch für eine Situation beten, von der Du noch nicht einmal weißt, dass sie entstehen wird.

Bete regelmäßig in anderen Sprachen.

Wenn Dir ein Gerichtsprozess in Deinem Leben bevorsteht:

Bete in anderen Sprachen!

Wenn es um etwas geht, bei dem Du es mit einem Richter zu tun hast, denk immer daran; es gibt zwei Richter in Deinem Leben.

1. Den irdischen Richter – und – 2. Den himmlischen Richter!

Der irdische Richter wurde von Deinem himmlischen Richter eingesetzt. Deshalb: Sieh den irdischen Richter niemals als Feind, sondern als Werkzeug der Gunst Gottes in Deinem Leben!

⚭ **8** ⚭

"PREISE GOTT FÜR DEN SIEG!"

Danke Ihm einfach!

Danke Ihm im Voraus dafür, dass Er sich erneut in Deinem Leben verherrlicht.

Danke Ihm dafür, dass Er Dir ein ungewöhnliches Zeugnis schenkt, das andere verblüffen und segnen wird.

Danke Gott für den Sieg!

Danke Ihm für Seine Gunst.

Danke Ihm für die Herausforderung.

Danke Gott für den Sieg in dieser Situation.

Auch wenn Du durch das Tal des Todesschattens wanderst: Fürchte kein Unglück!

Du wirst siegen. Du bist ein Gewinner in Christus.

Sprich mir nach:

„Himmlischer Vater, ich danke Dir für Deinen Sieg, denn Du gibst mir Deinen Sieg um Deines Namens willen! In dem Namen Jesus Christus empfange ich Deinen Sieg!"

– Gott gibt Dir Erfolg, Gott gibt Dir Segen, Gott gibt Dir Seinen Überfluss, weil Er sich durch Dich in Deinem Leben verherrlichen möchte!

Psalm 34,5: "Als ich den Herrn suchte, antwortete er mir und rettete mich aus allen meinen Ängsten."

Psalm 35,4: "Es sollen beschämt und zuschanden werden, die mir nach dem Leben trachten; es sollen zurückweichen und schamrot werden, die mein Unglück wollen!"

Psalm 91,15: "Ruft er mich an, so will ich ihn erhören; ich bin bei ihm in der Not, ich will ihn befreien und zu Ehren bringen."

Gott erklärt Seinen Willen klipp und klar:

"Ich will ihn erhören – ich will ihn befreien und zu Ehren bringen!"

Du musst nicht vor Gott herumkriechen und betteln. Du musst lediglich im Glauben zu Ihm kommen und sagen:

„Himmlischer Vater, ich weiß, Du erhörst mich allezeit!"

Dein Glaube muss sich nicht darauf richten, dass Deine Situation sofort gelöst ist, sondern darauf, dass Gott Dich hört.

Gott erhört und beantwortet Dein Gebet!

Er hört Dich in Deiner Not!

Er wird Dich befreien und zu Ehren bringen!

ÜBER DEN AUTOR

Andreas Hübner, verheiratet seit 1989, Vater von sechs Kindern ... seit mehr als 25 Jahren im Dienst ...

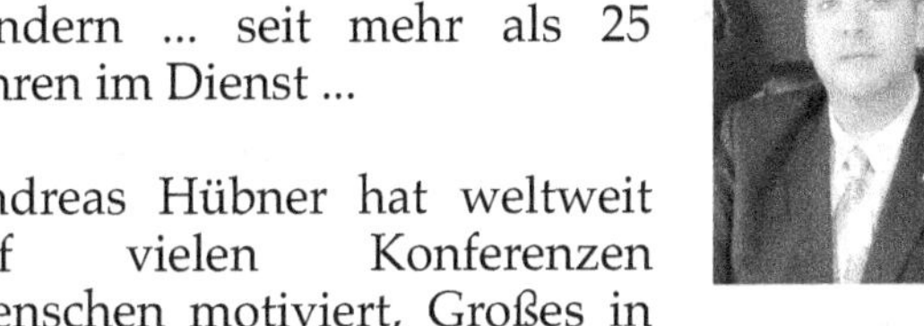

Andreas Hübner hat weltweit auf vielen Konferenzen Menschen motiviert, Großes in ihrem Leben zu erreichen und die Größe zu erkennen, die in ihnen steckt. Andreas Hübner ist nicht religiös, sondern glaubt an die Stärke Gottes in jedem Menschen, der diese erkennt und sich eins mit dem Schöpfer macht: "Christus in Dir, Deine Stärke!" – Jesus Christus: „Der Weg, die Wahrheit, das Leben!"

Andreas Hübner verkündigt kompromisslos Gottes Wort. Dies bedeutet mehr als nur die Errettung von Sünde. Es bedeutet auch absoluten Wohlstand, Friede, überfließende Freude, Liebe und Gesundheit!

Kaum ein Mann Gottes predigt so freimütig über den finanziellen Segen Gottes, wie Andreas Hübner: „Es ist unmöglich, sich zum Teil dieses Dienstes zu machen und arm zu bleiben!"

Insbesondere in Ländern der sogenannten Dritten Welt wurde Andreas Hübner immer wieder von Regierungsoberhäuptern und hochrangigen Politikern um Rat gebeten.

Andreas Hübner sehnt sich danach, Menschen zu ermutigen, die Weisheit Gottes zu suchen: „Gottes Antwort auf Dein Gebet ist oftmals ein Mentor, den Er in Dein Leben schickt. Wirst Du Deinen Mentor erkennen?"

Was andere über Andreas Hübner schreiben:

Charisma Magazine, Lake Mary, Florida, USA: "Deutscher Evangelist bringt Pakistanis das Evangelium – Eine Reihe von Open-Air Veranstaltungen in Pakistan im September führten Tausende zum Glauben ..."

Dr. Mike Murdock, Fort Worth, Texas, USA: "Deine seltene Gabe... unerschütterliche Loyalität und Freundschaft... hat einen klaren, deutlich erkennbaren Unterschied in meinem Leben gemacht und im Leben derer, die Deinen Dienst im Wisdom Center empfangen haben. Natürlich reichen Worte niemals aus, um das Wirken Gottes durch Dich angemessen zu beschreiben. ..."

Besuche Andreas Hübner im Internet:
www.deindurchbruch.tv

oder schreibe ihm:

**Andreas Hübner
Postfach 11 62
27341 Rotenburg
Deutschland**

MEINE NOTIZEN